JUSQU'À CE QUE LES ÉTOILES NOUS EMPORTENT

à mon premier amour,

© 2025 Stella BONNERIC
Édition : BoD · Books on Demand,
31 avenue Saint-Rémy, 57600 Forbach, bod@bod.fr
Impression : Libri Plureos GmbH,
Friedensallee 273, 22763 Hamburg (Allemagne)
ISBN : 978-2-3225-2288-0
Dépôt légal : Avril 2025

AMOUR,
quand l'amour faisait fleurir nos coeurs

on dit souvent que c'est une question de temps
alors, je t'ai attendu des années
jusqu'à ce que le même wagon nous lie
et qu'il résulte d'une évidence

avant même que l'on soit ensemble, tu m'as prévenue que tu étais quelqu'un de compliqué. Tu as énoncé tous tes défauts les uns après les autres comme si tu les associais à des dangers. Tu m'as avertie que tu n'étais pas un coeur facile à aimer. Tu m'as demandé maintes et maintes fois si je voulais vraiment partager ma vie à tes côtés comme si tu savais en avance que parfois tu blesserais mon coeur. Tu as exprimé tes peurs, tes doutes, tes pleurs mais rien de tout ça m'a effrayée. J'ai alors décidé d'écouter mon coeur qui me disait de te faire confiance. Et malgré tout ce que tu peux penser de toi, j'ai décidé de t'aimer envers et contre tout sous n'importe quelle facette.

pour la première fois
depuis mon existence,
je me suis sentie suffisante
dans les yeux de quelqu'un

- *et ce quelqu'un, c'est toi*

je t'ai confié mon coeur et toute son histoire, de ses maux les plus joyeux à ceux les plus douloureux. Je t'ai confié mon coeur, je t'ai fait découvrir les quatre saisons qui l'habitaient, des fleurs colorées aux branches fanées qui le composent. Je t'ai confié mon coeur avec quelques morceaux en moins et avec des pansements un peu partout. Je t'ai confié mon coeur pour aujourd'hui et je te le confierai pour demain, s'il te plaît, prends-en soin.

je n'ai jamais appris à aimer
alors je suis désolée
si je t'aime de manière bancale,
si je t'aime de façon instable
si je t'aime de trop

j'aimerais que tu saches que tu es la bouffée d'oxygène qui permet à mon coeur de battre avec plus de stabilité. Que tu es la saison qui a permis à mon âme de refleurir. Que tu es la raison pour laquelle j'aime de nouveau sourire. Que tu es le regard dans lequel j'aime me blottir, sentir ton coeur battre contre le mien réchauffant mon âme amochée. J'aimerais que tu saches que tu es la plus belle réponse à toutes mes questions.

j'ai toujours pensé
que j'étais impossible à aimer,
trop comme ceci,
pas assez comme cela
pourtant tu me prouves chaque jour
que je mérite d'être aimée

tu as réparé mon coeur, tu lui permets de battre plus calmement en ne loupant aucun battement. Tu lui permets des moments d'accalmie, lui qui connaît depuis des années, la houle. Tu lui permets de panser certaines blessures que je suis incapable de guérir seule. Tu lui permets de remplir les trous causés par mes tempêtes. Tu as réparé mon coeur, tu lui fais connaître des sentiments que je n'ai jamais ressenti auparavant.

avant toi,
je croyais que l'amour faisait mal,
qu'il était dangereux,
mais tu m'as montré
qu'il peut être doux et sincère

je me demande si tu réalises vraiment que tu as sauvé une part de moi qui habitait dans l'ombre depuis des années. Je me demande si tu réalises à quel point tu es un pilier solide pour moi. Je me demande si tu réalises réellement tout l'espoir que tu me redonnes et si tu réalises que tu me permets de tenir debout. Je me demande si tu réalises à quel point tu as permis un renouveau en moi. Je me demande réellement si tu réalises à quel point tu as changé ma vie.

depuis toi,
je ne contrôle plus rien,
ni ce que j'éprouve, ni ce que je ressens
et encore moins ce que je reçois

avant toi, mon monde était fait de tempêtes. Les orages dévastaient tout et les accalmies n'existaient pas. Avant toi, mon coeur était fané. Plus rien ne fleurissait. C'était l'hiver à l'intérieur, tout était terne et sombre. Avant toi, mes sourires étaient éteints. Rien n'était dessiné sur mon visage, aucune lumière n'apparaissait. Avant toi, mon âme était dévastée. Elle saignait chaque jour passé, elle pleurait de souffrance. Avant toi, je n'y croyais plus.

toi,
tu es celui qui me donne
terriblement envie de vivre,
qui me fait de nouveau aimer la vie

mon amour,

au début de notre histoire, je suis tombée dans le vide. J'avais peur, terriblement peur de ne pas savoir comment faire et je ne savais pas comment t'aimer. J'étais effrayée parce que je pensais que je t'aimais de travers, un peu trop comme ceci et pas assez comme cela. J'étais apeurée parce que c'était la première fois qu'autant de doux sentiments m'habitaient. Je ne savais pas quoi en faire, je ne savais pas comment cohabiter avec eux. Et puis j'ai compris au fil du temps qu'on apprenait à vivre avec ces sentiments, qu'il n'y avait pas de bonne ni de mauvaise manière tant que l'on aimait sincèrement. Alors je suis désolée si j'ai mis du temps à le comprendre mais j'aimerais que tu saches que je n'ai jamais cessé de t'aimer de toutes mes forces et que mon amour pour toi a toujours été profondément sincère.

tu as rallumé les étoiles de mon âme,
celles qui s'étaient éteintes il y a des années

le chuchotement de ton premier « je t'aime » résonne en moi depuis le jour où il s'est envolé de tes lèvres. Il fait écho en moi, au creux de mon coeur, au creux de mon âme parce que je me suis sentie aimée pour tout ce que j'étais, pour toutes mes faiblesses et pour toutes mes qualités. Il fait écho en moi parce que je me suis toujours crue trop difficile à comprendre et surtout trop complexe à aimer. Il fait écho en moi pare que c'était la première fois, en amour, qu'on me le disait.

dès que mon regard a croisé le tien,
une vague d'émotions a transpercé mon coeur
une houle de chaleur a inondé mon âme

tu as décidé de rester alors que tu savais que ma vie n'était pas la plus facile. Tu as décidé de rester peu importe le passé que j'avais, le présent que je vivais et le futur que je redoutais. Tu as décidé de rester peu importe les démons qui vivaient dans mon corps, peu importe les vagues qui habitaient mon coeur et peu importe les tempêtes que renfermaient mon âme. Tu as décidé de rester alors que je n'étais pas la plus facile à aimer et alors que je n'avais aucune confiance, ni en moi ni en la vie. Tu as décidé de rester malgré l'instabilité de mon monde et peu importe les histoires que mon coeur abritait. Tu as décidé de rester malgré tout.

j'ai toujours été incapable de décrire
le mot passion
pourtant aujourd'hui je suis certaine
de sa définition
toi et moi, nous, notre histoire

tu m'as sauvée de mon passé qui me rendait prisonnière, d'une énième tempête qui arrivait au loin, de mes démons qui ne cessaient de me hurler que je n'étais pas assez bien. Tu m'as sauvée d'un cercle vicieux qui n'arrêtait pas de tourner depuis des années. Tu m'as sauvée d'une relation malsaine avec moi-même, moi qui ne pensais qu'à me détruire. Tu m'as sauvée d'une réalité qui faisait mal. Tu m'as sauvée le coeur et l'âme. Tu m'as sauvée moi, toute entière.

avec toi,
j'ai touché le bonheur de près
et pour la première fois
depuis bien longtemps,
il ne m'effraie pas

je t'aime peu importe les vagues que contient ton âme et peu importe l'état de ton coeur qu'il soit en bonne santé ou qu'il comporte des plaies non cicatrisées. Je t'aime peu importe ton passé périlleux, ton avenir incertain et ton présent flou. Je t'aime peu importe ton histoire, si ce n'est l'enchaînement de chapitres ou si tu as déjà écrit un livre entier. Je t'aime pour toutes tes qualités mais aussi pour tous tes défauts qui te rendent si unique. Je t'aime pour tes faiblesses qui complètent les miennes et pour la force que tu as en toi. Je t'aime pour ce que tu étais hier, ce que tu es aujourd'hui et pour ce que tu seras demain.

avant,
je devais aimer pour être aimée
depuis toi,
j'aime parce que mon coeur t'a choisi
parce que mon âme bat pour la tienne

je te promets de ne jamais lâcher ta main tant que tu ne lâcheras pas la mienne. Je te promets de continuer d'aimer ton coeur tant que le tien aimera le mien et ce peu importe les obstacles et les tempêtes. Je te promets de me battre pour notre amour tant que tu seras à mes côtés. Je te promets d'être là, de rester à tes côtés autant de temps que tu auras besoin de moi. Je te promets de toujours croire en nous comme on peut croire au soleil le lendemain d'une tempête.

merci d'avoir permis à mon coeur
de trouver un abri
dans lequel j'aime me réfugier

- merci parce que tu es devenu ma maison

j'ai peur qu'un jour tu décides de partir parce que ton âme n'aimera plus la mienne de la même des façons. J'ai peur que tu décides de prendre la fuite parce que je serai devenue trop complexe à aimer. J'ai peur que tu t'en ailles parce que mon amour pour toi sera devenu trop étouffant. J'ai peur que tu partes parce que nos souvenirs ne t'apportaient plus rien. J'ai peur que tu décides de partir parce que la bulle de bonheur dans laquelle on vit se sera transpercée. J'ai peur que tu partes parce que tes sentiments n'étaient plus assez forts. J'ai peur, j'ai terriblement peur de ne plus être une raison suffisante pour que tu restes.

j'apprends chaque jour à t'aimer
de la plus simple des manières
mais crois moi,
de la plus sincère des façons

combien de fois ai-je eu peur de te perdre? Combien de fois ai-je été terrorisée par l'idée que tu ne m'aimes plus, par l'idée que tu me quittes? Combien de fois ai-je eu peur d'être maladroite dans mes mots, d'en dire trop ou au contraire, pas assez. Combien de fois ai-je été terrorisée par l'idée que tu trouves mieux ailleurs, quelqu'un avec une vie plus facile, avec un passé moins compliqué. Combien de fois ai-je eu peur de te perdre? De nous perdre? De perdre notre amour, celui que l'on a bâti, construit, entretenu ensemble?

un jour, j'ai regardé les nuages
dans lesquels était dessiné, un ange
sans savoir que cet ange serait
mon ange gardien
qui ferait taire mes démons

- toi

mon amour,

lorsque je suis à tes côtés je me sens en sécurité comme si nous deux me rendaient plus forte. Lorsque je suis à tes côtés, je sens mon coeur battre un peu pus vite que d'habitude. Je sens naître des papillons à l'intérieur de mon ventre. Je sens mon sourire se dessiner et mon visage s'apaiser. Je sens mon mental s'adoucir et mes démons se calmer. Je sens mon âme s'emplir de doux sentiments et je sens ma vie devenir plus légère. Lorsque je suis avec toi, j'ai l'impression de devenir invincible. Que rien ni personne ne peut m'atteindre, que rien ni personne ne peut nous séparer.

je ne t'attendais pas,
ni toi, ni l'amour,
je n'attendais rien

pourtant tu es arrivé
et tu as donné à ma vie
une (re)naissance

notre rencontre est née d'une coïncidence mais je suis pourtant convaincue qu'elle ne s'est pas faite par hasard. Je suis convaincue que nos chemins étaient faits pour se croiser et que mon coeur attendait le tien. Je suis convaincue que notre rencontre est née pour nous inculquer quelque chose et qu'elle vit pour nous en apprendre d'autres. Je suis convaincue que quelque part, nous deux était écrit, que nos âmes étaient destinées à se rencontrer et faites pour s'aimer.

j'ai en moi
une partie de toi
que je promets
de toujours protéger,
de ne jamais abîmer,
et par-dessus tout,
de toujours aimer

merci d'avoir amené du soleil à mon univers quand la pluie le submergeait. Merci d'avoir éteint le feu en moi lorsqu'il commençait à me brûler. Merci d'avoir ravivé les étoiles les unes après les autres en me faisant découvrir tous les trésors que la vie pouvait apporter. Merci d'avoir pris le temps de connaître mon âme quand personne ne l'avait encore jamais fait. Merci d'avoir permis à mon coeur de battre plus sereinement. Merci de m'avoir donné une raison de vivre alors que je n'aspirais qu'à une chose, disparaître.

tout ce que je nous souhaite
c'est de l'amour à en faire fleurir nos coeurs
des vagues de chaleur à en transpercer nos âmes
et des doses de bonheur qui durent toute une vie

pendant toutes ces années j'ai attendu désespérément que l'amour frappe à ma porte. J'ai attendu qu'une rencontre bouleverse ma vie et que quelqu'un fasse briller mon monde. J'ai attendu qu'une personne me sauve quand j'étais en train de me détruire. J'ai attendu de vivre tout ce qu'on me décrivait de l'amour. J'ai attendu mais rien ni personne ne me faisait signe. J'ai attendu avec désespoir et puis un jour j'ai compris qu'il fallait que je cesse de l'attendre. Et un jour, un jour où je m'y attendais pas, l'amour est tombé sur moi.

chaque jour qui passe
me rappelle un peu plus
pourquoi je t'aime
et pourquoi mon coeur t'a choisi

je t'ai rencontré et avec toi j'ai rencontré le grand amour dont tout le monde me parlait. Avec toi j'ai rencontré le bonheur et la douceur que tous les autres me décrivaient. Avec toi j'ai rencontré la définition du verbe « aimer » que le monde cessait de conjuguer à ma place. Avec toi j'ai rencontré l'arc-en-ciel de couleurs qu'est capable d'apporter une relation. Avec toi j'ai rencontré l'Amour avec un grand A, le vrai, le sain, le grand.

je ne sais pas où mon chemin me mène
mais je sais que ta main m'accompagnera
peu importe où le vent me dirigera

je nous souhaite des jours doux et paisibles à ne plus en compter. Je nous souhaite d'être aussi proches, d'être aussi complices et d'être aussi heureux pour l'éternité. Je nous souhaite beaucoup de tendresse et de passion pour la vie. Je nous souhaite de créer des souvenirs et de les vivre pleinement jusqu'à la fin de nos jours. Je nous souhaite de l'amour à ne plus en finir, de l'amour pour aujourd'hui, pour demain et pour toujours.

tu es l'inconnu
que j'aime apprendre à découvrir
chaque jour qui passe

je t'aime d'un amour qui peut tout encaisser, les coups bas et les moments les plus joyeux. Je t'aime d'un amour qui peut tout entendre, les remarques qui nous fanent et celles qui nous fleurissent. Je t'aime d'un amour indestructible, que rien ne détruira, ni les autres, ni le temps. Je t'aime comme je n'ai jamais aimé, d'un amour inconditionnel et profond.

à tes côtés j'écrirai,
des pages,
des histoires,
des livres
mais j'écrirai surtout
l'avenir que tu me donnes
terriblement envie de connaitre

mon amour,

tu es ma toute première relation, le premier à oser partager ma vie, les failles et les forces de mon histoire. Tu es mon premier bisou, mon premier câlin, le premier à effleurer les reliefs de mon corps. Tu es mon premier « je t'aime », mon premier « tu me manques » et le premier à m'exprimer tes sentiments. Tu es le premier à t'aventurer au plus près de mon coeur et surtout de tout ce qui le constitue. Tu es le premier à prendre ma main et à m'amener découvrir la vie à tes côtés.

l'éternité sera-t-elle
assez longue
assez grande
pour t'offrir
tout l'amour que je te porte?

on m'a répété « *protège ton coeur* »

mais ce qu'ils n'ont pas compris c'est que je suis incapable d'aimer en n'offrant qu'une partie de mon coeur. Ce qu'ils n'ont pas compris c'est que je suis incapable de ne pas tout donner parce que moi je suis comme ça, prête à tout pour les autres, prête à tout pour toi. Ce qu'ils n'ont pas compris c'est la puissance avec laquelle je t'aime, au-dessus et par-dessus tout. Ce qu'ils n'ont pas compris c'est que je suis incapable de me protéger alors que c'est toi qui me protèges.

merci d'avoir apporté à mon coeur
autant de douceur
quand il ne battait, jusqu'à présent,
que de douleur

je veux continuer de me réveiller chaque matin en pensant à toi et en me demandant comment tu vas. Je veux continuer de m'imaginer la vie à tes côtés, de penser à tous les souvenirs que l'on a vécu et à tout ce que l'on s'est promis de réaliser. Je veux continuer de connaître ces sentiments dès lors que je vois ton prénom s'afficher sur mon téléphone et dès que l'on se retrouve en tête-à-tête tous les deux. Je veux continuer à ressentir tout ce que je ressens lorsqu'un « je t'aime » naît de ta bouche. Je veux continuer de vivre à tes côtés pour l'éternité.

je suis la pluie,
tu es le soleil.
et depuis notre rencontre,
ma vie est aux couleurs de l'arc-en-ciel

il m'arrive souvent de pleurer en voyant ce qu'on a réussi à accomplir jusque là et depuis le début. De nos premiers messages échanges à nos instants partagés. Il m'arrive souvent de pleurer en m'imaginant la vie près de toi et le futur avec toi. Il m'arrive souvent de pleurer en pensant à nous, qui on était et ce que nous sommes devenus. Mais ce ne sont que des larmes de bonheur.

quand je regarde les étoiles,
elles me parlent de toi

comment est-ce possible d'aimer un coeur déchiré par la vie, abîmé par la souffrance et débordant de peurs. Comment est-ce possible d'aimer quelqu'un qui ne croit plus en grand chose, ni en la vie, ni en elle-même? Comment est-ce possible d'aimer une personne si douteuse d'elle, si incertaine et si ambivalente? Comment est-ce possible de voir des qualités quand il y a bien plus de défauts? Dis-moi, comment est-ce possible de m'aimer?

tu fais battre mon coeur
de la meilleure des manières
et pour la plus belle des raisons

je ne peux pas imaginer ma vie sans toi, sans tes éclats de rire pour réchauffer mon visage et sans ton sourire qui éclaire le mien. Je ne peux pas imaginer ma vie sans tes mots pour apaiser mes maux et sans ton grand coeur qui réchauffe mon âme. Je ne peux pas imaginer ma vie sans tes lèvres qui embrassent les miennes et sans tes bras qui entourent mon corps. Je ne peux pas imaginer ma vie sans que tu ne sois dedans, sans que ton prénom n'apparaisse de partout et sans que tu n'aies ta place au sein de mon monde.

et si nos coeurs sont faits pour s'aimer
si nos âmes sont faites pour s'assembler
alors notre amour est fait pour exister

j'ai peur de ne pas être à la hauteur de tes anciennes relations. J'ai peur de ne pas être assez ou d'être de trop mais surtout de ne pas être comme elles. J'ai peur de ne pas t'aimer de la même manière qu'elles t'ont aimé. J'ai peur de ne pas réussir à t'apporter l'amour, le bonheur et la plénitude qu'elles ont sans doute réussi à t'apporter. J'ai peur de ne pas parvenir à créer de beaux souvenirs de nous comme vous avez pu en créer de magnifiques de vous. J'ai peur de ne pas arriver à te donner tout ce qu'elles ont réussi à donner à ta vie.

tu as été une étoile scintillante
quand le ciel de mon monde
ne cessait de s'éteindre

je t'aime... et j'aimerais que tu sois dans mon coeur pour le comprendre et pour le vivre. J'aimerais que tu prennes mon coeur le temps de quelques secondes et que tu ressentes tout ce que j'éprouve pour toi. J'aimerais que tu prennes mon coeur pour comprendre ce que je vis quand je pense à toi. J'aimerais que tu sois dans mon coeur pour que tu découvres que tu es partout à l'intérieur, que ton prénom prend toute la place et que ton visage est présent à chaque seconde qui passe. J'aimerais que tu prennes ma place et que tu te rendes compte de tout l'amour que je te porte.

même si je n'ai pas été le seul amour de ta vie,
j'espère être l'amour du reste de ta vie

on ne se connaît pas depuis toujours et pourtant j'ai l'impression de te connaître depuis longtemps, un peu comme si on s'était déjà rencontrés dans une autre vie. Un peu comme si nos coeurs avaient déjà battu l'un pour l'autre et comme si nos âmes s'étaient déjà heurtées auparavant. Un peu comme si nos chemins s'étaient déjà rejoints et que nos mains s'étaient déjà tenues. Un peu comme si le destin nous réunissait une seconde fois mais cette fois-ci pour l'éternité.

tu es mon âme soeur,
qui me fait croire en l'évidence,
qui complète la moitié de mon âme,
qui donne une raison à mon coeur de battre

avant de te connaître, je me croyais incapable d'offrir quelque chose à quelqu'un. Je croyais que je ne réussirai jamais à éprouver autant de sentiments que ce que je recevais. Je croyais que tout était mort à l'intérieur de moi, que je n'avais plus rien à donner mais surtout qu'il n'y avait plus rien à chérir chez moi. J'étais convaincue que ressentir de tels sentiments était tout sauf naturel. Avant de te connaître, je peinais à aimer les autres et surtout je me sentais impossible à aimer.

merci d'avoir été ma renaissance
alors que je me croyais
éteinte par la vie,
pour toujours

j'ai dû apprendre à te faire confiance et cela a sans doute été la chose la plus difficile à faire pour moi. J'ai dû apprendre à faire confiance aux sentiments que tu ressens, aux mots que tu me chuchotes et aux gestes que tu as envers moi. J'ai dû apprendre à dépasser ma peur de la trahison mais surtout ma peur de souffrir. J'ai dû apprendre à prendre sur moi en essayant de ne plus penser à ceux qui m'ont anéantie et à tous ceux qui m'ont brisée. J'ai dû apprendre à te faire confiance en même temps qu'apprendre à commencer à me faire confiance.

tu m'offres la plus belle preuve d'amour
dont je puisse rêver:
un amour sans fond et sans limites

t'aimer c'est aussi accepter ta distance lorsque tu en ressens le besoin. C'est accepter tes absences et tes silences quand tu en éprouves la nécessité. C'est accepter tes moments de doutes, tes instants de faiblesse et tes incertitudes. C'est accepter la personne que tu as choisie d'être. C'est accepter tes choix et tes décisions qu'importe le sujet. T'aimer c'est accepter tout de toi sans chercher à te faire changer.

j'espère réussir à te donner
tout l'amour que tu mérites
que l'on te donne

je veux que, nous, grandisse de saison en saison sans jamais faner. Je veux qu'il connaisse les quatre saisons, qu'il fleurisse de plus belle à chaque printemps, qu'il brille davantage à chaque été mais surtout qu'il ne se fane pas en automne et qu'il ne se glace pas en hiver. Je veux qu'il découvre les baisers peu importe la météo, sous le vent, sous la pluie, sous le soleil. Je veux qu'il se développe à chaque tempête, qu'il pousse à chaque passage de pluie et qu'il se nourrisse de soleil pour mûrir encore plus.

tu es entré dans mon coeur
en lui provoquant
la plus belle des collisions

depuis toi, le silence en moi s'est brisé pour être remplacé par le bruit du bonheur. Le calme de mon intérieur a laissé place aux battements de mon coeur. Le silence de mon âme s'est dissous et son écho a refait surface. Mon intérieur ne ressemble plus à cet immense vide sans voix que rien ne remplissait. Mon intérieur s'apparente désormais à une douce mélodie dont le rythme est régulier. Le silence a été remplacé par une cohue d'amour.

quand d'autres ne sont que danger pour moi,
toi tu as toujours été mon lieu sûr

j'ai dû accepter qu'il y aurait des journées où nous serions proches et d'autres moins, que ce n'était pas grave et que cela ne rimait en rien. J'ai dû accepter que parfois je n'aurais aucun message de toi et que cela ne remettait pas en cause ce que tu ressentais pour moi. J'ai dû me répéter qu'une journée sans me chuchoter je t'aime ne signifiait pas que tu ne m'aimais plus. J'ai dû me répéter que certains jours notre amour se hurlait au monde entier et que d'autres jours il vivait à l'intérieur mais que cela ne signifiait pas qu'il n'existait plus.

grâce à toi j'ai compris
les couleurs que je voulais
et toutes celles que je ne voulais pas
de l'amour

tu es cette personne vers qui je me tourne quand mon coeur commence à se noyer et mon âme à s'effondrer. Cette personne vers qui j'aime me blottir lorsque les tempêtes commencent à me submerger. Tu es cette personne à qui j'aime me confesser sans avoir peur d'être jugée et regardée de travers. Tu es cette personne avec qui je me sens en sécurité quand le monde entier me fait mal. Tu es cette personne qui réchauffe mon univers lorsqu'il a froid. Tu es cette personne qui me fait exister, tu es mon refuge.

c'est lorsque j'étais au bord
de te perdre
que j'ai compris
la véritable importance
que tu as eu au sein de ma vie

j'irai attraper toutes les étoiles scintillantes du ciel pour qu'elles fassent briller notre monde à nous. J'irai décrocher chaque rayon de soleil pour qu'il illumine chaque moment à deux. J'irai cueillir des fleurs par centaines pour faire fleurir notre jardin secret. J'irai récolter les étincelles du feu pour faire grandir les flammes de notre amour.

et puis un jour,
mon coeur a commencé à t'aimer
et depuis il ne s'est jamais arrêté
malgré les tempêtes,
au-delà des orages
et par-dessus les averses

qu'importe ce qu'il arrive demain, je me battrai toujours pour avoir une place dans ton coeur et pour continuer d'écrire les lignes de notre histoire avec toi. Je me battrai toujours pour faire briller les étoiles de notre ciel et pour chasser les nuages qui nous empêcheraient de voir le soleil. Je me battrai toujours pour notre nous, pour que notre histoire n'ait jamais de point final.

tout ce que j'espère
c'est de réussir à t'offrir
autant d'astres que toi,
tu réussis à m'offrir

le premier amour c'est une vague de chaleur qui te transperce l'âme. C'est un nuage de bonheur qui traverse ton être. C'est un arc-en-ciel de couleurs qui éclaire ta vie. C'est un ciel rempli d'étoiles qui fait briller ton coeur. C'est un océan de douceur qui sillonne ta peau. C'est une histoire qui donne un nouveau sens à ta vie. C'est une fusion qui te fait sentir vivant. C'est une âme qui vient heurter la tienne à tout jamais.

je n'oublierai pas ce soir-là,
je n'oublierai pas que
mon coeur tout entier m'a crié
« c'est lui »

- *c'est toi*

j'ai grandi avec des fausses images de l'amour et avec des appréhensions plein la tête. J'ai grandi avec la peur de commencer une histoire parce que j'étais convaincue qu'elle se terminerait par la suite. J'ai grandi en me disant que l'amour faisait plus de mal que de bien et qu'il apportait autant de négatif que de positif. J'ai grandi en pensant que l'amour finissait toujours par s'envoler parce que je ne cessais pas de voir les autres perdre, un jour ou l'autre, la personne qu'ils ont le plus aimée. J'ai grandi avec mes croyances jusqu'au jour où, t'avoir rencontré, a changé ma vision de l'amour.

dès que l'on se sépare,
j'ai cette immense impression qui grandit en moi,
celle que l'on m'a déchirée
parce que tu t'en vas, toujours,
avec une partie de moi

tu sais, je m'en veux de te faire subir mes peurs incessantes, mes insécurités continuelles et mes lourdes blessures. Je m'en veux de te faire connaître le poids de mes maux alors que la vie que l'on a décidé de se créer pourrait être plus légère. Je m'en veux de te faire endurer cette vie là à mes côtés parce qu'à l'intérieur de ma tête je ne suis pas seule mais nous sommes plusieurs. Je m'en veux de te faire du mal avec les démons qui habitent avec moi, ces fantômes qui vont et viennent mais ne partent jamais réellement comme pour ne jamais les oublier. Je m'en veux de te faire découvrir cette partie là de moi.

il y a mille et une raisons de dire je t'aime
mais la meilleure d'entre elles,
celle que tu as choisi,
est de rester à mes côtés
bien que mon monde soit compliqué

j'ai envie d'y croire. J'ai envie de croire que tu es mon premier mais surtout mon dernier amour. J'ai envie de croire aux belles choses que l'on s'est promises de faire ensemble. J'ai envie de croire aux belles paroles que l'on s'est chuchotées, qu'elles soient éternelles et toujours aussi fortes. J'ai envie de croire au destin, au fait que l'on ne s'est pas trouvés par hasard, que nos âmes sont liées. J'ai envie de croire en toi, en moi, en nous. J'ai envie de croire en notre histoire pour aujourd'hui, pour demain et jusqu'à ce que les étoiles nous emportent.

RUPTURE,
quand l'amour a fini par faner nos âmes

tu étais l'amour de ma vie
quand je n'étais pour toi,
qu'un amour de jeunesse

alors est-ce cela t'aimer? T'aimer est-ce accepter que tu sois parti? T'aimer est-ce accepter que tu n'étais qu'un passage dans ma vie? T'aimer est-ce conjuguer notre nous au passé? T'aimer est-ce laisser s'éloigner tous nos souvenirs et nos beaux moments? T'aimer est-ce laisser ton coeur s'effacer du mien? T'aimer est-ce me souvenir de toi au passé? T'aimer est-ce te laisser partir?

tu étais ma priorité
pour toi j'aurais tout décroché
pour notre amour j'aurais tout donné

je ne t'oublierai pas peu importe les mots durs que nous avons pu avoir l'un pour l'autre et peu importe les souvenirs qu'on a construits ensemble, qu'ils soient beaux ou blessants. Peu importe les larmes qui ont coulé durant notre histoire, peu importe les périodes qu'on a traversées qu'elles soient ensoleillées ou pluvieuses. Je ne t'oublierai pas peu importe comment s'est finie notre histoire.

tu as décidé de t'en aller
mais j'aimerais que tu saches
que tu continues d'exister là
où moi je n'existe plus

je continuerai de te chercher dans chaque coin de rue que je traverserai et dans chaque endroit où l'on a créé des souvenirs ensemble. Je continuerai de te chercher dans chaque rayon de soleil et dans chaque étoile qui scintilleront au-dessus de ma tête. Je continuerai de te chercher dans chaque visage et dans chaque regard que je croiserai. Je continuerai de te chercher dans chaque odeur dès qu'elle me rappellera la tienne et dans chaque sourire qui se dessinera devant moi. Je continuerai de te chercher dans chaque coeur que je rencontrerai et dans chaque âme que je découvrirai. Je continuerai de te chercher dans toutes les vies que je vivrai.

je te promets que tu auras toujours
cette place spéciale dans mon coeur,
personne ne l'habitera,
rien ne l'effacera,
elle portera ton nom à tout jamais

avant de partir tu m'as murmuré qu'on se retrouverait peut-être un jour. Dois-je me réconforter dans ces paroles ou les oublier, faire comme si elles n'avaient jamais existé? Dois-je continuer de m'accrocher à cet infime espoir qui me porte debout? Dois-je continuer d'y croire, d'y croire peut-être même pour deux? Dois-je encore t'attendre et espérer une suite à notre histoire ou dois-je me convaincre qu'elle est belle et bien terminée?

on s'est brisés le coeur
mais nous n'avons jamais eu le courage
de nous détester

tu sais, je n'ai pas envie que mon coeur batte pour un autre prénom que le tien. Je n'ai pas envie que mon regard se perde dans d'autres yeux que les tiens ni que mon âme se réchauffe avec une autre âme que la tienne. Je n'ai pas envie de vivre dans un monde où tu n'existes pas ni d'être aimée par une autre personne si ce n'est pas toi. Je n'ai pas envie de connaître l'amour s'il ne porte pas ton nom.

je t'ai perdu
et j'ai eu l'immense impression
que l'on me froissait le coeur,
que l'on me le déchirait

j'ai eu mal le jour où tu m'as dit que c'était fini et tous les jours suivants. J'ai eu mal pour tous ces moments que l'on a vécus ensemble et pour tous ceux qui ne verront jamais le jour. J'ai eu mal pour tous les mots que tu m'as chuchotés et pour toutes ces promesses qui n'aboutiront pas. J'ai eu mal de voir ce que nous sommes devenus alors que nous étions amoureux. J'ai eu mal quand je cherchais dans tes yeux une lueur d'espoir alors qu'elle n'existait tout simplement plus. J'ai eu mal quand ton prénom est devenu le synonyme de souffrance et de nostalgie alors qu'il y a quelques mois il était le synonyme de bonheur et de tendresse. J'ai eu mal, j'ai mal et j'aurai mal pendant toute une vie.

j'en ai beaucoup voulu à la vie
de m'avoir arraché
d'avoir fait faner
la plus belle partie de moi

- *toi*

je croyais avoir connu la douleur de la perte avant toi mais elle n'était rien. Quand je t'ai perdu toi, j'ai cru perdre mon monde tellement les tempêtes étaient violentes et sans fin. J'ai eu l'impression que l'on m'arrachait le coeur tant la douleur était intense et j'ai cru perdre une partie de moi tellement tu étais tout pour moi. Quand je t'ai perdu toi, j'ai eu l'impression de mourir tant je n'existais qu'à travers toi.

tourner la page ne veut pas dire que j'oublie
tout ce que l'on a vécu
mais simplement que je décide de confier
nos souvenirs au passé

- tourner la page ne signifie pas t'oublier

tu as été mon premier amour,

celui qui m'a fait connaître l'amour avant de le détester. Celui qui a fait battre mon coeur avant de le faire chavirer. Celui qui a été mon plus beau rayon de soleil avant de devenir la pire des tempêtes. Celui qui m'a redonné espoir en la vie avant de me faire haïr de nouveau. Tu as été mon premier amour avant de devenir mon premier chagrin d'amour.

je reste persuadée
que nous étions destinés à nous rencontrer,
que nos âmes étaient faites pour se compléter
mais seulement pas pour l'éternité

je t'aime mais je crois qu'il est temps que je parte. Il est temps de tourner la page, de mettre un point à notre histoire. Il est temps de ranger nos souvenirs, de les confier au passé. Il est temps d'éteindre les dernières étoiles qui éclairaient notre monde parce que désormais mon monde ne t'appartient plus et je n'appartiens plus au tien. Il est temps d'éteindre l'espoir qui brûle en moi parce que tu ne viendras sans doute plus jamais le sauver. Il est temps de lâcher ta main comme toi tu as lâché la mienne il y a déjà quelques semaines.

après toi, après nous,
je me suis empêchée d'être heureuse
parce que je ne voyais le bonheur
qu'au creux de tes bras

te laisser t'en aller est l'une des choses les plus douloureuses que j'ai vécues. Tu es parti sans te retourner, et j'ai dû apprendre, à accepter l'idée que tu ne reviendras sans doute plus jamais. Tu es parti en me laissant la présence de ton absence et des milliers de souvenirs criants. Tu es parti en emportant avec toi un bout de mon coeur dont tu m'avais promis de prendre soin. Tu es parti en oubliant d'emporter avec toi tout l'amour que je te porte encore.

je ne sais plus si je suis capable d'aimer
parce qu'après toi,
mes sentiments ont fané,
je me suis retrouvée nue et désarmée d'amour,
je n'avais plus rien à offrir à personne
tant tout l'amour que je portais à l'intérieur
t'était dédié

j'ai senti mon coeur se briser sous le coup de ton départ et quand il a fallu annoncer ton envol, mon coeur a éclaté en sanglots. J'ai pleuré le jour où tu es parti et tous ceux qui ont suivi. J'ai eu mal à l'instant précis mais encore plus au moment d'après, une fois que j'ai réalisé que je t'avais perdu. J'ai encaissé tes mots et tes maux mais ils continuent d'exister dans un coin de mon coeur rempli de tristesse. J'ai éprouvé de la colère sur le coup et elle n'est jamais partie, tu t'es écarté de ma vie au moment où j'avais le plus besoin de toi.

j'ai essayé de remplacer ton prénom
mais tu continuais d'exister
partout à l'intérieur de moi

je t'ai peut-être aimé avec étouffement mais je t'ai aimé passionnément. Je t'ai aimé en y mettant tout mon coeur et toute mon âme, je t'ai aimé sans limites, sans compter et peut-être que je t'ai aimé un peu trop fort. Je t'ai aimé en te donnant toute ma personne et peut-être que je me suis perdue à vouloir trop t'aimer. Je t'ai aimé de travers mais je t'ai aimé d'un amour profond et sincère. Je t'ai aimé plus que tout avec certitude, je t'ai aimé comme je n'ai jamais aimé.

tu as décidé de partir
mais l'amour que je te porte, lui,
n'a jamais décidé de s'envoler

je parlerai de toi comme le plus bel amour de ma vie, je conterai tous les chapitres que l'on a vécus ensemble, qu'ils soient beaux ou abîmés. Je raconterai que tu as été mon premier amour celui qui chamboule toute une vie de la plus belle des manières mais aussi de la pire des façons. Je crierai au monde entier que l'amour que nous avons fait naître ensemble était la plus belle mais aussi la plus douloureuse chose que j'ai pu accomplir. Je dirai ô combien l'amour vaut la peine d'être connu mais ô combien il peut détruire des coeurs. Je parlerai de mon passé à chaque personne que je rencontre parce que c'est la seule chose qui me reste et qui me lie à toi.

nous ne nous sommes pas dit adieu
ni à bientôt
pourtant moi aujourd'hui je te le dis,
à bientôt,
parce que je sais que nos âmes se (re)croiseront
dans une autre vie

il y a des jours où j'arrive à prononcer ton prénom sans que mon coeur se mette à trembler. Des jours où j'arrive à regarder nos souvenirs sans sentir la peine et la nostalgie m'envahir. Des jours où le fantôme de ta présence ne me hante plus. Des jours où les plaies que tu m'as laissées ne me font plus mal. Il y a des jours où j'arrive à conjuguer notre nous au passé sans éprouver un trop plein de tristesse. Il y a des jours où j'arrive à guérir de toi et d'autres où tout de toi me fait mal.

après toi,
le monde me criait que tu n'en valais pas la peine
mais pourtant si,
tu en valais terriblement la peine,
c'était avec toi que je voulais construire mon avenir
c'était avec toi que je voulais continuer de grandir

j'ai essayé de vivre dans un monde où toi et moi n'existions plus, où toi et moi n'étions qu'un lointain souvenir. J'ai essayé de toutes mes forces de passer à autre chose, de me rappeler toutes les tempêtes que tu as apportées à mon univers, de me souvenir de tous les naufrages que tu as créés. J'ai essayé d'écrire de nouveaux chapitres, de nouvelles histoires où ton nom ne serait apparu nulle part. J'ai essayé de t'oublier mais comment oublier une personne lorsque l'on n'a pas guéri d'elle?

mon coeur s'est arraché de mon corps
se brisant au sol
et étant incapable
de recoller les morceaux

je n'ai jamais tourné la page de notre histoire parce que j'en étais tout simplement incapable. J'ai tout relu de celle-ci, en commençant par les moments de bonheur et en finissant par ceux houleux. Je ne parlerai pas de la fin de notre histoire parce qu'elle n'existera jamais au creux de mon coeur. Il y a eu des virgules, des points d'interrogation mais il n'y aura jamais de point final. Et peu importe comment se déroule la suite de notre histoire, nos âmes sont liées à s'aimer à tout jamais.

tu m'as donné envie de vivre,
terriblement envie.
tu m'as donné envie
de conquérir le monde,
de parcourir des chemins,
d'explorer les recoins,

puis tu es parti,
et tout autour de moi
s'est écroulé

je t'ai offert toutes les étoiles de mon univers alors que les astres n'avaient pas brillé depuis un moment à l'intérieur de moi. Je t'ai offert toutes les couleurs que je portais parce qu'avant toi, tout était noir et blanc. Je t'ai offert tout le printemps qui fleurissait au creux de mon coeur après avoir passé des années en hiver. Je t'ai offert des parties de moi que je ne connaissais pas avant que tu entres dans ma vie. Je t'ai offert les plus beaux et précieux mots que j'abritais depuis des années et que je n'avais pas encore eu la chance de dévoiler. Je t'ai offert tout ce que j'avais de plus beau en moi.

après toi,
j'ai regardé mes bras,
je me suis dit de le faire,
d'écrire ma tristesse
au sang de mes veines.

puis je me suis souvenue
de cette promesse
que j'avais faite

alors j'ai remis mon pull
et je me suis chuchotée,
qu'il existe d'autres chemins
pour avancer

je ne sais pas si je serai capable, un jour, d'aimer à nouveau ni si cet amour sera aussi fort que celui que je te portais. Je ne sais pas non plus combien de temps prendra mon coeur à guérir ni si je survivrai longtemps avec cette douleur qui me poignarde l'âme. Je ne sais pas si les étoiles s'aligneront de nouveau et si elles brilleront aussi intensément qu'elles brillaient pour toi. Je ne sais pas si les cicatrices qu'on s'est laissés finiront par s'en aller elles aussi un jour.

tu es parti
avec la plus belle
partie de moi.

tu es parti
avec la partie
que tu avais réussi
à faire fleurir.

tu es parti
et maintenant,

il ne me reste
que la fanaison,
des fleurs mortes,
des feuilles fripées.

je t'en veux parce que pendant tous ces mois tu étoffais de l'espoir, l'espoir que l'on se remette ensemble sans m'avoir dit clairement que les papillons dans ton coeur avaient arrêté de voler. Je t'en veux parce que tu ne cessais de parler de nos souvenirs alors que tu savais très bien qu'ils me faisaient autant de bien que de mal. Je t'en veux parce que tu as gardé les clés de mon coeur et j'avais l'intime conviction que tu jouais avec. Je t'en veux parce que toi tu as réussi à tourner la page alors que moi je suis restée là, les deux pieds à terre, à t'attendre, à attendre d'écrire la suite du livre qui parlait de notre amour.

j'ai regardé les étoiles ce jour-là
je leur ai demandé de me donner de l'espoir,
l'espoir de te retrouver
mais elles ont chuchoté
un profond silence
comme pour me dire
que cette fois-ci
c'était vraiment fini

ton souvenir n'appartient toujours pas au passé malgré les mois qui ont cheminé et malgré les saisons qui ont défilé. Il ne s'efface pas et il ne s'est jamais effacé depuis le jour où tu as décidé de t'en aller. Il est là parfois discret et d'autres fois bruyant mais il réside toujours dans mon coeur. Ton souvenir est comme indélébile comme marqué au fer rouge pour que je me souvienne de toi dans cette vie et dans toutes les autres qui vont suivre. Il me colle à la peau, s'accroche et s'agrippe pour faire en sorte que je ne t'oublie jamais. Mais dis-moi jusqu'à quand? Jusqu'à quand ce souvenir va continuer de me poursuivre? Jusqu'à quand va-t-il continuer de hanter mes pensées, jours et nuits?

tu as décidé de partir
alors reprends avec toi
les épines que tu as laissées à mon coeur
les vagues que tu as laissées à mon âme
et les centaines de souvenirs
qui flottent à l'intérieur

reprends tout,
ce qui nous unissait
ce qui nous habitait
ce qui nous animait
tout ce qui faisait qu'on s'aimait

« j'ai espoir que tu redeviennes la personne dont je suis tombée amoureuse »

j'ai gardé au fond de mon coeur cet espoir bien trop longtemps parce que je pensais qu'il était encore possible que tout redevienne comme avant. Je pensais qu'il n'était pas trop tard pour que nos chemins se retrouvent, pour que nos âmes fusionnent de nouveau et pour que nos coeurs se rencontrent une nouvelle fois. Mais l'espoir de te retrouver était tellement immense et sans fond que la douleur m'a transcendée et a fini par me noyer. Je ne voyais que par toi comme si ma vie s'était arrêtée pour toi. C'était toi, ici et là dans chaque phrase, dans chaque rêve, dans chaque moment. Tu étais partout là où moi je n'existais plus et pourtant je continuais de t'attendre parce que j'étais persuadée que nos chemins n'étaient pas parallèles et qu'ils finiraient par se rejoindre. Mais l'espoir m'a déchiré le coeur, m'a froissé l'âme et j'appréhende à chaque instant le jour où je comprendrai que tu ne redeviendras plus cette personne.

tu m'as réparée
puis
tu m'as brisée

tu m'as donnée confiance en moi
puis
tu l'as détruite

tu m'as fait me sentir vivante
puis
tu m'as fait me sentir morte

tu m'as aimée
puis
tu as arrêté

et je me demande souvent, qu'aurais-je dû faire pour que tu veuilles rester à mes côtés? Étais-je une pièce manquante du puzzle ou étais-je une pièce de trop? Étais-je comme le soleil qui apparaît après les jours de pluie ou étais-je une énorme tempête pour ton coeur? Étais-je une âme douce qui te faisait du bien, ou au contraire, une âme destructrice? Aurais-je dû te dévoiler davantage ô combien tu étais une personne apaisante pour moi? Aurais-je dû te confier ce que personne n'a jamais su ou aurais-je dû me taire sur toutes les souffrances que je t'ai confiées? Aurais-je dû prendre soin de ton coeur encore plus soigneusement ou ai-je pris tellement soin de toi que tu as préféré fuir?

dis-moi, qu'aurais-je dû faire pour que tu restes? Pour que tu sois mon éternel?

on s'aimait
mais
on s'est déchirés,

on s'est déchirés
mais
j'ai continué de t'aimer

je t'en ai voulu mais je m'en suis encore plus voulue. Je t'en ai terriblement voulu parce que tu m'as laissée seule avec mes démons qui criaient et avec mes fantômes qui me hantaient. Je t'en ai voulu parce que j'étais folle amoureuse de toi et j'avais l'impression que ce n'était pas réciproque. Je t'en ai atrocement voulu parce que je t'ai confié mon coeur en entier et que tu me l'as rendu en morceaux, je te l'ai confié vivant et tu me l'as rendu mort. Je t'en ai voulu parce que nous ne regardions plus le même horizon ni dans la même direction. Mais avant tout, je m'en suis voulue. Je m'en suis voulue parce que certaines de tes cicatrices portent mon nom, parce que certains de mes mots sont devenus tes maux. Je m'en suis affreusement voulue d'avoir été cette personne avec toi.

je me souviens
comme si c'était hier
du premier je t'aime.

je me souviens
d'hier
et du dernier je t'aime

sans toi, j'ai senti mon coeur déshabiter ma poitrine, mon sourire s'effacer et mes rires disparaître. J'ai senti la douleur me brûler, les belles paroles se consumer lentement et les promesses s'éteindre les unes après les autres. J'ai senti la colère me capturer, la rancoeur m'agripper puis la tristesse me poignarder. J'ai vu la vie s'estomper devant moi, les couleurs se dissoudre et les sons se taire. Sans toi, je me suis sentie disparaître. Sans toi, je me suis vue mourir.

le soir tombe
et mes larmes avec
je repense à tout
ce qu'on s'était dit,
ce qu'on s'était promis,
ce qu'on avait bâti
et ça brise le coeur

on m'a dit que le temps faisait bien les choses mais ce n'est pas vrai, les gens se trompent. Parce que le temps ne répare pas, il amoche. La douleur ne s'estompe pas, elle s'accroît. Le feu à l'intérieur de moi ne s'éteint pas, il me consume. Parce que mon coeur refuse de guérir de toi, il a autant mal que le jour où tu as décidé de t'enfuir et il a même encore plus mal parce qu'il réalise chaque jour un peu plus que tu es parti. Tout à l'intérieur m'empêche de passer à autre chose et j'ai l'impression que même le temps refuse que j'écrive un nouveau livre. Un peu comme s'il savait pertinemment que le chapitre qui parle de nous n'avait pas fini d'être écrit. Alors non, le temps ne m'a pas réparé. Le temps m'a fait espérer et je lui en veux terriblement.

je n'ai pas pu nous sauver
mais est-ce ça l'amour?
passer son temps à se sauver
parce que l'un ou l'autre
ne parle qu'avec des silences

est-ce vraiment ça l'amour?

que me reste-t-il de toi ?

des cris de douleurs par centaines et des larmes par milliers. Des lieux inhabités et des places désertes. Des souvenirs ambulants où ton fantôme réside toujours. Ton prénom qui résonne encore dans ma tête, ton odeur qui parfume toujours mes jours et ton sourire qui me revient à chaque fois que je pense à toi. Des traces indélébiles, des cicatrices ineffaçables et des fissures irréparables. Il ne me reste que des morceaux de coeur éparpillés un peu partout au sol et une effroyable souffrance qui me foudroie l'âme.

je t'aime
et ça me brise
le coeur
de savoir
que je t'aime
encore

avant toi j'étais perdue mais après toi je suis devenue déboussolée. Je ne sais plus où est place, si elle est encore sur terre ou parmi les étoiles, ni où mon corps réside, tellement tu étais ma maison. Je ne sais plus rien faire sans avoir peur tant tu étais ma protection. Ni comment calmer mes démons, toi qui étais si apaisant pour eux et pour moi. Je ne sais plus sourire sans faire semblant ni rire à en pleurer. Je ne sais plus comment on aime sans avoir mal et sans faire du mal. Je ne sais plus rien, tu étais mon tout.

j'ai mal au coeur
pourtant il continue de battre

j'ai mal à l'âme
et j'ai l'impression qu'elle s'est éteinte
à tout jamais

on s'aimait mais les étoiles s'éteignaient une à une. On s'aimait mais les pétales fanaient les uns après les autres. On s'aimait mais les flammes ne nous ont pas épargnés, elles ont brûlé les ailes de notre amour. On s'aimait mais parfois les mots devenaient des maux. On s'aimait sans doute un peu trop fort que nos coeurs se sont heurtés. On s'aimait mais peut-être que toi, tu n'avais plus la force de m'aimer. On s'aimait passionnément et je te remercie de m'avoir donné la chance d'être aimée.

tu étais d'abord
les étoiles
et les astres
puis tu es devenu
des roches douloureuses
et des poussières de souvenirs

- *tu étais mon univers à toi seul*

je n'ai jamais réussi à parler de toi au passé ni en t'imaginant ailleurs que dans mes bras. Je n'ai jamais réussi à parler de notre histoire sans que cela me chiffonne le coeur. Je n'ai jamais réussi à assembler des mots depuis que tu es parti parce que dans ma tête et dans mon coeur, rien n'est fini. Les souvenirs habitent toujours mon coeur et font encore vivre mon âme. Je n'ai jamais réussi à me remettre de la fin parce que pour moi, elle n'aurait jamais dû exister. Je n'ai jamais réussi à aller contre mes sentiments qui me criaient de tourner la page. Je n'ai jamais réussi, jamais réussi à te hurler toute la puissance de l'amour que je te porte pour qu'il ne s'éteigne jamais.

avoir perdu l'amour de sa vie
est la chose la plus douloureuse
que je ne voulais pas connaître
pourtant la douleur existe bien
et elle continue de me suivre

après toi, je n'ai jamais eu la force de ramasser les morceaux, je me suis contentée de les regarder tomber les uns après les autres sans avoir eu la force de les rattraper. Après toi, ma vie s'est arrêtée, je n'ai pas trouvé le courage de la continuer comme si le monde n'était que toi. Après toi, je n'ai pas pris le temps de guérir, j'ai préféré continuer de t'appeler pour ne jamais t'oublier, la peur immense, que toi aussi tu puisses un jour m'abandonner. Après toi, je ne me suis pas écoutée et le temps est passé mais la plaie n'est toujours pas pansée.

c'est dur tu sais,
de vivre dans le même monde que toi
mais de savoir
qu'on ne partage plus le même univers

tu ne reviendras plus alors? Ça y est il faut que j'enterre notre nous parce qu'il ne revivra plus? Ça y est je dois enfuir tous nos souvenirs parce qu'ils n'auront plus jamais d'oxygène pour respirer ailleurs que dans nos coeurs? Ça y est je dois déchirer le chapitre qui parle de notre amour parce qu'il n'était qu'éphémère lui aussi? Ça y est je dois réapprendre à rire, à respirer, à vivre sous la pluie parce que j'ai perdu le soleil que tu étais? Ça y est je dois vivre dans un ciel ombragé parce que ton étoile était celle qui m'éclairait le plus? Ça y est tu ne reviendras plus jamais, c'est fini maintenant?

je me suis demandée
quel nom je pouvais donner
à ma tristesse
si ce n'est celui de nos prénoms ensemble?

est-ce que tu penses à moi comme je pense à toi? C'est-à-dire tout le temps, jours et nuits, à chaque instant. Est-ce que tu te souviens des souvenirs, de nos souvenirs, ceux qui nous faisaient sourire et rire. Est-ce que tu te rappelles de l'odeur de mon parfum aussi bien que je me souviens du tien, celui que je sens partout depuis que tu es parti? Est-ce que tu me vois partout toi aussi, dans chaque regard, dans chaque visage? Est-ce que tu penses à moi parfois? À ce qu'on a créé et à tout ce qu'on aurait pu créer de beau, de grandiose, d'immense.

guérir de toi
c'est accepter de te voir t'en aller
mais c'est avant tout
accepter que tu ne m'aimes plus

j'ai continué à parler de toi longtemps et je le fais toujours. Je parle de toi au monde entier pour continuer de te faire exister dans mon monde parce que je refuse que tu le quittes si soudainement. Je parle de toi quand on me pose la question de comment je vais et qu'importe la réponse, ton prénom apparaît toujours. Je parle de toi quand on me demande si je suis heureuse, si j'arrive enfin à l'être. Je parle de toi comme d'une histoire inachevée, pas finie d'être écrite, pas finie d'être racontée. Je parle de toi quand mes joues sont remplies de larmes ou quand je suis au bord d'exploser de l'intérieur. Je parle de toi à longueur de journée parce que pour parler de moi je suis obligée de parler de toi. Je ne peux pas parler de moi sans aborder ton prénom.

tu es parti en silence
en laissant notre *nous* voler
pendant des mois

je ne savais pas si tu étais vraiment parti
ou si tu allais revenir

un peu comme une vague
qui va et vient
sans aucun mot
sans aucune explication

juste en laissant
derrière
devant
à côté
de toi
un silence assourdissant

à mon premier amour,

qui a pris mon coeur pour le faire battre pour la plus belle des raisons mais aussi pour le faire souffrir de la pire des façons. Tu as été le premier à laisser tes empruntes et je croyais que tu serais aussi le dernier mais si nos âmes sont faites pour se retrouver, elles le feront. Si notre amour était seulement éphémère alors je voulais que tu saches que je te remercie pour les pansements que tu as mis à mon coeur mais aussi pour les bleus que tu lui as involontairement infligés. Je t'ai aimé du mieux que je pouvais et je suis désolée si je t'ai parfois aimé de travers. Je te remercie pour les rayons de soleil que tu as mis dans mes yeux mais aussi pour toutes les gouttes de pluie qui m'ont appris que, parfois, l'amour ne se suffit pas à lui-même. Je t'ai offert toutes les fleurs que j'avais en moi et je t'ai donné toutes les étoiles qui brillaient à l'intérieur de mon être. Merci de m'avoir laissée marcher à côté de toi pendant tous ces mois, merci de m'avoir guidée à travers tes pas sur le chemin de la vie. Merci de m'avoir permise de t'aimer et merci pour la confiance que tu as eue en me laissant ton coeur entre les mains, c'est sans doute la plus belle preuve d'amour que j'ai pu recevoir. Je ne sais pas si je dois t'hainer, te détester alors que dans l'histoire c'est moi qui ai fait couler le plus le navire sur lequel on voyageait. On n'a peut-être pas fait le voyage le plus long mais on a fait le voyage le plus intense, on s'est aimés profondément à s'en déchirer le coeur. Tu m'as donné le sentiment d'exister quelque part mais tu m'as aussi donné l'impression d'étouffer et de ne plus jamais pouvoir respirer. Tu m'as donné terriblement envie de vivre mais effroyablement envie de mourir. Tu m'as tout appris de l'Amour, de sa beauté à sa laideur, de sa solidarité à son égoïsme, du bonheur à la morosité. Mais tu sais, de nous je n'ai rien jeté. Ni les beaux souvenirs ni ceux abîmés. Je n'ai rien semé, rien balancé. De nous, j'ai tout gardé et je garderai tout, des jours ensoleillés aux jours pluvieux, des mots doux aux mots amers, de l'amour passionnel à l'amour rationnel. Je t'ai aimé avec un grand A comme quand on aime pour la vie.

je t'avais promis de rester mais c'est toi qui es parti en premier alors aujourd'hui c'est à mon tour de te dire, au revoir.

alors au revoir, mon amour.